GALIEN

—

CE QUE LES ANCIENS

ONT PENSÉ DU TRAVAIL

par

EMMANUEL CHAUVET

MEMBRE DE L'ACADÉMIE NATIONALE DES SCIENCES, ARTS
ET BELLES-LETTRES DE CAEN

CAEN

TYPOGRAPHIE DE F. LE BLANC-HARDEL
RUE FROIDE, 2 ET 4

—

1876

GALIEN

CE QUE LES ANCIENS

ONT PENSÉ DU TRAVAIL

par

Emmanuel CHAUVET

MEMBRE DE L'ACADÉMIE NATIONALE DES SCIENCES, ARTS
ET BELLES-LETTRES DE CAEN

CAEN

TYPOGRAPHIE DE F. LE BLANC-HARDEL
RUE FROIDE, 2 ET 4

1876

*Extrait des Mémoires de l'Académie nationale des Sciences,
Arts et Belles-Lettres de Caen.*

GALIEN.

CE QUE LES ANCIENS ONT PENSÉ DU TRAVAIL

L'Antiquité, à qui l'étudie de très-près et surtout chez les écrivains qui précèdent ou suivent immédiatement l'établissement du christianisme, réserve bien des surprises. Elle apparaît tout autre qu'on a coutume de se la représenter. — Longtemps on n'y a vu que des citoyens exclusivement préoccupés des affaires publiques et des devoirs qui s'y rapportent: on sait aujourd'hui que l'homme proprement dit, c'est-à-dire l'agent moral, y a sa place et une place de plus en plus grande, que la vie intérieure, c'est-à-dire le perfectionnement spirituel, y a son rôle et un rôle de plus en plus considérable. Cela ressort clairement de la lecture des *Lettres* de Sénèque, du *Manuel* d'Epictète, des *Pensées* de Marc-Aurèle, et de tant d'autres écrits moins connus, non moins dignes de l'être. Cela éclate dans deux petits opuscules de Galien que j'analysais l'an dernier, l'un intitulé : *Des moyens de connaître ses passions et de s'en guérir;* l'autre intitulé : *Des moyens de connaître ses fautes et de s'en cor-*

riger, et où l'auteur montre le plus noble souci de la
vertu privée , et trace à ses contemporains l'art de
s'élever, d'effort en effort , de progrès en progrès, à
l'empire et au gouvernement de soi-même , à la pu-
reté morale et à la perfection. — Il est un autre pré-
jugé dont il faudra bien revenir aussi. On croit géné-
ralement que les anciens, tout entiers aux soins
absorbants du gouvernement , qui était le gouvernement de tous, n'ont jamais songé, en fait de travail,
qu'au seul travail manuel, pour le laisser, autant
que possible, aux esclaves et le dédaigner. Cette
conception n'a jamais été tout à fait vraie et a fini
par ne plus l'être du tout. Les anciens ont parfaite-
ment distingué le travail intellectuel, qui consiste
dans la culture et l'exercice des arts libéraux, ils en
ont fait le cas qu'il mérite, ils l'ont proposé comme
un noble emploi de la vie et des facultés humaines,
comme un but élevé , digne de tenter et de satisfaire
les plus généreuses ambitions. Platon défendait déjà
cette thèse , en se justifiant de rester éloigné du la-
beur politique et en montrant qu'à côté de celui-là,
qui ne convient pas à tous, il en est un autre
qui, pour être différent, n'en est pas moins beau,
ni moins utile, ou même nécessaire. Cicéron dévelop-
pait la même idée lorsque, consacrant les loisirs
que lui faisaient les malheurs des temps à tant de
belles compositions sur la rhétorique et la philosophie, il plaidait avec sa propre cause celle de ces
hautes études, de ces savants travaux, et démontrait
leur incontestable intérêt et leur excellence. Et plus
tard, chez les Grecs et les Romains, à mesure que
la vie politique échappe aux masses, confisquée par

l'étranger, les tyrans et les empereurs, cette ma-
nière de voir se fortifie à la fois chez les penseurs
et se propage autour d'eux. Il faut voir Pline, par
exemple, dans une lettre du 5ᵉ livre de sa cor-
respondance, féliciter un jeune homme de noble
famille de s'adonner à la culture des lettres et
exhorter ses pairs à suivre un si bon exemple. C'est
ainsi, dit-il, qu'on se rend digne des images de ses
ancêtres, qu'on mérite d'être reconnu pour un des
leurs. Mais c'est encore à Galien qu'il faut s'adresser
si l'on veut voir cette pensée exposée avec toute
l'étendue qu'elle comporte, défendue avec toute la
force de la vérité qui est en elle, et recommandée
avec une vive éloquence à ceux-là mêmes qu'elle
concerne surtout, aux jeunes gens qui, à l'entrée
de la vie, doivent choisir entre l'oisiveté et le
travail, entre les arts qui honorent et ceux qui
ravalent.

On me pardonnera, je l'espère, d'étudier les
œuvres de Galien avec une insistance si prolon-
gée (1). C'est une mine délaissée (les médecins
citent encore Galien, mais ne le lisent plus ; les philosophes ne le citent ni ne le lisent), et c'est une mine
inépuisable. Ceux de ses nombreux traités qui sont
spécialement philosophiques, ou qui ont quelque
rapport à la philosophie, sont pleins d'indications
précieuses, et quelquefois des révélations les plus

_____

(1) J'ai déjà écrit et publié soit dans les volumes de notre
Académie des sciences, arts et belles-lettres, soit dans les
Séances et travaux de l'Académie des sciences morales et politi-
ques, sept mémoires sur la philosophie de Galien, quelques-uns
fort étendus.

inattendues. C'est singulièrement le cas d'un très-
court et très-substantiel écrit, dans lequel Galien
montre que le travail intellectuel est la vraie vocation
de l'homme, et qu'il adresse à la jeunesse de son
temps sous ce titre : *Exhortation aux Arts.*

Galien exhorte les jeunes gens à s'adonner aux
arts, c'est-à-dire au travail; mais distinguant les
arts qui allient l'élévation à l'utilité, et qu'on nomme
arts libéraux, des arts qui ne servent qu'à une vaine
parade, et que la langue n'a pas pris la peine de
nommer, il veut qu'ils s'appliquent aux premiers
exclusivement, c'est-à-dire au travail qui fait l'âme
plus grande et la vie plus belle exclusivement.

Se plaçant dès les premiers mots au cœur de son
sujet, il fait voir que l'homme, par sa nature même,
est appelé à cultiver et à pratiquer les arts par
excellence, les arts divins, et que, comme ils sont
dans son essence, ils sont aussi son plus impérieux
devoir. Sans doute, il ne faut pas rabaisser les animaux. Quoique privés de la raison *parlée*, ils pour-
raient bien participer en quelque mesure à la raison
pensée. Mais la supériorité de l'homme est incontestable et immense. Il a cette intelligence qui le rend
capable d'étudier, d'apprendre et de savoir, ce qui
manque absolument aux animaux. Par conséquent,
il est propre à tous les arts : non-seulement ceux que
la bête exerce instinctivement, mais les arts divins.
Quand on a dit qu'il imite la trame de l'araignée,
qu'il construit comme l'abeille, que, créé pour la
marche, il nage comme un habitant de l'Océan, on
n'a rien dit. Ce qui le caractérise, ce qui l'élève,

ce qui fait son essence à la fois et sa prééminence,
c'est que, émule d'Esculape, il se livre à l'étude et
à la pratique de la médecine ; rival d'Apollon, il
excelle à la musique et à la divination ; ami des
muses, il s'instruit dans l'astronomie et la géométrie ; c'est que, suivant le vers de Pindare, il descend dans les abîmes de la terre et s'envole dans
l'infini des cieux ; enfin c'est que, noblement épris
de la vérité, il a pu se mettre en possession du plus
grand des biens, la philosophie. Tel est l'homme et
telle est la sphère où il doit se mouvoir. Seul
capable de ces hautes occupations, il est fait pour
elles ; il est à sa place et dans son rôle lorsqu'il s'y
applique ; les néglige-t-il pour se livrer à des baga-
telles ou se croiser les bras, il tombe misérable-
ment au-dessous de lui-même (1).

Voilà la vérité sur la destination de l'homme phi-
losophiquement exprimée ; mais Galien voulant y
insister, lui donner plus de relief, fait appel à la
mythologie, et peint en opposition les uns aux
autres la Fortune avec ses sectateurs et Mercure
avec ses fidèles. Mercure est le dieu des sciences et
des arts, le protecteur des hommes qui font œuvre
d'hommes ; la Fortune personnifie l'ignorance et
son aveuglement, l'impéritie et sa mobilité, la
paresse et sa vaine espérance ; elle règne sur ceux
qui, sans courage pour penser et agir, attendent ce
qu'ils désirent d'une heureuse rencontre.

Qu'est-ce que la Fortune ? une déité séduisante,
mais perverse. D'abord, les statuaires, les peintres

____

(1) *Exhort. aux Arts.* ch. I, II.

lui ont donné les traits d'une femme, pour en montrer le peu de sens (1); puis, ils ont mis un gouvernail dans ses mains, un piédestal sphérique sous ses pieds, un bandeau sur ses yeux, pour en montrer l'instabilité. Dans une tempête irait-on confier la direction du navire à un homme qui n'y verrait pas et ne se tiendrait pas debout? Il est tout aussi raisonnable, parmi les orages et les naufrages de la vie, d'espérer son salut d'une déesse aveugle et chancelante. D'ailleurs, quoi de plus stupide que la Fortune, qui délaisse les gens de bien pour combler de ses faveurs les coquins, sans pourtant se fixer à ces derniers, qu'elle ne tarde pas à dépouiller? Mais la foule des sots ne lui fait pas moins cortége, se bousculant à sa suite, tombant pêle-mêle et périssant, tandis qu'elle s'échappe çà et là (2).

Combien différent est Mercure, le représentant de la raison et l'artiste universel! C'est un frais jeune homme; sa beauté, sans vains ornements, est le reflet des vertus de son âme. Il se tient ferme et serein sur son solide piédestal à la forme cubique. Ceux qui s'attachent à lui n'ont jamais lieu de s'en plaindre; ils n'ont pas à redouter d'en être abandonnés; constamment unis à lui, ils jouissent constamment de ses bienfaits (3).

Quant à ceux qui se pressent sur les pas de la For-

(1) Le mot grec est dur : ἄνοια.

2) *Exh. aux Arts*, ch. II.

(3) *Ibid.*, ch. III.

tune, quel triste spectacle ! Les uns l'atteignent :
Crésus en Lydie, Polycrate à Samos, Cyrus, Priam,
Denys ; mais laissez passer quelque temps et re-
gardez : vous verrez Polycrate attaché à une croix,
Crésus vaincu par Cyrus, Cyrus accablé de maux,
Priam couvert de chaînes et Denys végétant à Syra-
cuse. Les autres, qui restent en arrière, sont des
misérables, des démagogues, des traîtres, des cour-
tisans, des voleurs, des assassins, les ennemis des
Dieux et des hommes (1).

Au contraire, qu'ils sont décents et beaux à voir
ceux qui cultivent les arts et se tiennent assemblés
autour de Mercure ! Au premier rang sont les géo-
mètres, les mathématiciens, les philosophes, les
médecins, les astronomes et les amis des lettres ; au
second, les peintres, les sculpteurs, les architectes,
les lapidaires ; au troisième, tous les autres artistes.
Vient enfin la multitude de ceux qui aiment les arts
sans y exceller. Dans ce noble cortége brillent au-
dessus de tous les autres : Homère, Socrate, Hippocrate, Platon et leurs disciples. Mercure veille sur
tous, les protége tous, les absents comme les pré-
sents. Il monte sur le vaisseau de ceux qui naviguent
et les assiste au milieu des naufrages. Ainsi Aris-
tippe, jeté sur les côtes de Syracuse, se rassure en
voyant tracées sur le sable des figures géométriques.
Il n'a, en effet, qu'à prononcer un vers de Sophocle
pour être accueilli, et à ceux qui, mettant à la voile
pour Cyrène, lui demandent ce qu'il veut faire dire

_____

(1) *Exh. aux Arts*, ch. iv.

à ses concitoyens : recommandez-leur, répond-il,
d'acquérir les biens qui surnagent quand le vaisseau
est brisé.

Telle est la différence et tel est le destin contraire
des hommes qui, conformément à leur nature, cultivent la science et les arts qui en relèvent, et de
ceux qui, au mépris de cette même nature, s'aban-
donnent lâchement et follement aux événements;
ceux-ci sont le jouet de la Fortune : ou elle les oublie,
ou elle ne les élève un instant que pour les précipiter
ensuite et rendre leur chute plus terrible; ceux-là
vivent sous la protection de Mercure et trouvent
dans leur savoir, leurs talents et leur vertu, une solide garantie contre les accidents de la vie.

D'où il résulte que c'est le propre, l'honneur et le
salut de l'homme de travailler, de se consacrer aux
sciences, aux arts, à la géométrie, à la médecine,
à la philosophie, aux lettres, à la sculpture, à la
peinture, et de marcher sur les traces des Homère,
des Hippocrate, des Platon et de tous ces illustres
exemplaires de l'humanité, qui ne sont tels que
parce qu'ils ont exercé et développé l'intelligence
que les Dieux avaient mise en eux.

Cela une fois établi, Galien montre que cette loi de
la nature humaine ne souffre pas d'exception. Ceux
qui, étant riches, s'excusent sur leur richesse, ou
qui, étant de noble origine, s'excusent sur leur
naissance, ou qui, étant beaux ou se croyant tels,
s'excusent sur leur beauté, sont dupes et victimes
de la plus regrettable des illusions. Riches ou pauvres, nobles ou non, beaux ou laids, il n'importe;
les sciences, les arts, le travail et la culture de l'es-

prit sont dans les aptitudes et les devoirs de tous
sans distinction (1).

Conçoit-on que des hommes, parce qu'ils ont de
l'or et de l'argent, dédaignent les arts et ne se mettent pas en peine de se perfectionner par le travail
et l'étude? Quelle contradiction dans leur conduite!
Parmi les animaux, lesquels recherchent-ils? les
plus industrieux. Les chiens dressés à la chasse, les
chevaux habiles au combat, voilà ceux qu'ils pré-
fèrent. Et ces mêmes hommes ne songent à
apprendre quoi que ce soit, à se distinguer par
quoi que ce soit! Leurs esclaves, ils leur font
enseigner un métier, et paient fort cher pour cela.
Et cependant ils ne prennent nul soin d'eux-mêmes!
Il résulte de là cette honte que tel de leurs esclaves
soit estimé dix mille drachmes, alors que le maître
n'en vaut pas une. Bien plus, nul homme sensé ne
le voudrait prendre à son service, fût-ce pour rien.
Quel cas faire en effet de celui qui s'applique à
former les animaux à diverses industries, à instruire
ses esclaves, à tenir ses champs dans le meilleur
état possible, et qui, quant à lui, se néglige absolument et ne sait pas même s'il a une âme!...
C'est bien à de tels hommes qu'on pourrait dire en
toute vérité: « O hommes, vos maisons, vos
esclaves, vos chevaux, vos chiens, vos champs et
tout ce que vous possédez est dans un état florissant;
il n'y a d'inculte chez vous que vous! » Diogène
appelait les riches ignorants et fainéants, des mou-
tons à la toison d'or, et il avait raison. Aussi,

____

(1) *Exh. aux Arts*, ch. VI, VII, VIII.

qu'arrive-t-il à ces riches quand ils deviennent pauvres ? Ils sont aussitôt délaissés et méprisés. Telles des fontaines, où l'on puise l'eau, tant qu'elles coulent limpides et abondantes ; viennent-t-elles à tarir, on s'en détourne, et quelquefois même on y jette des ordures (1). Et, en effet, que peuvent-ils espérer des autres ceux qui, ne sachant rien , ne faisant rien, n'ayant aucune valeur propre, ne doivent leur faux éclat qu'à un caprice du sort (2) ?

Il est tout aussi déraisonnable de s'imaginer que la naissance puisse tenir lieu du savoir, du talent, du mérite personnel. Le beau sujet de vanité ! Qu'importe la vertu des ancêtres, si on n'en a pas soi-même ? Les titres de noblesse sont comme les pièces de monnaie : changez de ville, ils n'ont plus cours. Il n'y a de titres vrais que ceux que l'on tire de son propre fonds. La distinction du rang doit seulement nous être une exhortation à ne pas déchoir, ou même à faire mieux que ceux qui firent si bien. Celui qui est étranger à la culture intellectuelle et aux arts est plus coupable, s'il est de noble race, et son déshonneur est plus grand. Qu'un homme de vile extraction demeure dans la médiocrité et l'oisiveté, on lui sera peut-être indulgent ; mais un noble doit avoir l'ambition de valoir par lui-même autant que par ses ancêtres. Donc, c'est le devoir de tout homme de s'instruire et de cultiver quelque art : s'il

(1) Le texte grec est infiniment plus énergique et par cela même intraduisible.

(2) *Exh. aux Arts*, ch. vi.

est de bonne famille, il ne dérogera pas ; dans le
cas contraire, suivant le mot de Thémistocle, il
pourra fonder une race par sa propre illustration,
il sera le premier de sa lignée. — Il ne faut pas plus
se recommander de son pays que de sa famille, car
ce ne sont pas les villes qui rendent les citoyens
glorieux, mais les citoyens qui rendent les villes
glorieuses. Qui a fait la renommée de Stagyre ?
Aristote. De Soli ? Aratus et Chrysippe. D'Athènes ?
Les hommes supérieurs en tout genre qu'elle a
produits, et qui l'ont honorée en s'honorant eux-
mêmes (1).

Il en est de la beauté comme de la naissance,
comme de la richesse : elle ne saurait se suffire à
elle-même. Les jeunes gens n'ont que trop de
penchant à s'exagérer leur beauté et à s'en enor-
gueillir. Et tandis qu'ils se complaisent dans leurs
avantages extérieurs, ils ne se mettent pas en peine
de cultiver et d'orner leur âme. C'est aux pères à
les rappeler à plus de modestie et à plus de sagesse.
C'est aux pères à les forcer de s'instruire et de
s'exercer aux arts. Les pères qui négligent l'éducation de leurs enfants sont trois fois coupables,
et Solon avait peut-être raison d'affranchir dans
ce cas le fils de l'obligation de nourrir son père
dans sa vieillesse (2). L'éducation est tout, la
beauté rien. La beauté passe en un instant: il est
bien dépourvu celui qui n'a acquis aucun talent,

(1) *Exh. aux Arts*, ch. vii.
(2) On ne s'attendait guère à voir l'instruction obligatoire dé-
crétée par Solon.

qui ne peut remplacer cette fleur fragile du corps par la fleur immortelle de l'âme. Que le jeune homme prenne donc pour règle de conduite certain conseil de Socrate; qu'il se regarde au miroir, et s'il est doué d'un beau visage, qu'il s'efforce de mettre son âme en harmonie avec son corps, car il est malséant qu'une âme déshonnête habite dans un beau corps; mais s'il trouve au contraire son corps difforme, qu'il cherche avec d'autant plus de soin à orner son âme, afin que son éloquence ou toute autre qualité, charmant les hommes, leur fasse oublier sa laideur (1).

D'ailleurs, cette vérité qu'il serait contraire à la raison et au bon sens de se prévaloir de la richesse, ou de la naissance, ou de la beauté, pour négliger la culture des arts, cette vérité est encore mise en relief par ce trait de Diogène. Il mangeait un jour dans une maison fort ornée, tandis que le maître n'avait pris aucun soin de sa personne. Le philosophe toussa donc, et, après avoir cherché quelque temps où il pourrait cracher, cracha sur son hôte. Celui-ci se récriant : De quoi t'étonnes-tu, lui dit-il ? Tout dans cette chambre est parfait; les murs sont embellis des plus précieuses peintures, le pavé est formé d'une superbe mosaïque, les tapis et le lit sont d'un travail merveilleux; il n'y a de sale et de grossier ici que toi, c'est donc sur toi que j'ai dû cracher.

Jeunes gens, s'écrie Galien par un mouvement oratoire que ne dépare pas la crudité de langage familière aux anciens, jeunes gens, gardez-vous de

____

(1) *Exh. aux Arts*, ch. VIII.

mériter qu'on vous crache dessus ! Si votre entourage est magnifique, veillez à n'y pas faire tache ! Il est rare qu'un seul homme réunisse tous les avantages du dehors : naissance, fortune, beauté ; si par hasard vous avez tout cela, songez combien il serait déplorable que vous seuls, au milieu de tant de splendeurs, vous fussiez dignes de recevoir un crachat (1).

Voilà par quelles solides et profondes considérations Galien s'efforce de faire comprendre aux jeunes gens l'utilité, la nécessité d'apprendre et d'exercer un art. Et c'est là la première et la plus essentielle partie de l'*Exhortation*. Mais il en est une seconde, d'un caractère plus spécial, d'un intérêt plus particulier, et qui répond à cette question : quel art convient-il que les jeunes gens apprennent et exercent ?

Galien expose d'abord que toute profession n'est pas digne d'occuper l'activité d'un homme. Il est des professions qui, tout en se donnant pour des arts, n'en sont pas. Le caractère distinctif de l'art vrai est d'avoir un but élevé à la fois et utile. Un art qui ne fait pas l'homme plus homme, et la vie plus heureuse, usurpe un nom qui ne lui appartient pas. Ce ne sont pas des arts, le talent de bondir et de franchir un vaste intervalle, ni celui de marcher en équilibre sur une corde tendue, ni celui de tourner en cercle, ni celui de façonner d'infiniment petits objets sans autre mérite que l'infinie petitesse. Ces vaines occupations sont au-dessous de l'humanité. Jeunes gens, défiez-vous des charlatans qui tente-

____

(1) *Exh. aux Arts*, ch. viii.

raient de vous y séduire ; détournez-vous avec mépris de leur vil métier (1) !

Entre ces professions qu'il faut fuir, il en est une
dont on doit se garder avec plus de soin, parce
qu'elle se présente avec plus d'attrait, c'est la profession d'athlète. Elle procure un grand renom,
grâce à la faveur de la multitude ; elle donne à ceux
qui l'exercent avec succès une sorte d'illustration ;
elle est entretenue, gratifiée, récompensée par l'État ;
et malgré tout ce n'est pas un art, et c'est une erreur
et une faute de s'y destiner (2). — Cela, Galien ne
l'affirme pas seulement, il le démontre par une longue
et savante argumentation. Ce luxe de raisons et de
développements a même de quoi nous étonner. Il
nous prouve une chose que nous ne devinerions cer-
tainement pas, que cette profession d'athlète, qui
nous paraît si misérable par l'objet et les résultats,
tenait une place distinguée dans la civilisation
grecque, qu'elle était un appât offert à l'ambition
irréfléchie des jeunes gens, de sorte qu'un mora-
liste pouvait et devait se faire un devoir de les
avertir, de les disputer au danger, en leur montrant,
sous la trompeuse amorce, la triste vérité et l'irrépa-
rable malheur.

C'est la tâche que s'impose Galien. Il commence
par ôter à la profession d'athlète le prestige que lui
prête le suffrage de la multitude. Quel prix peut-on
raisonnablement attacher à ce suffrage, quand on
réfléchit que la multitude n'est que la collection des

____

(1) *Exh. aux Arts*, ch. x.
(2) *Ibid., ibid.*

ignorants et des incapables ? Lorsque vous êtes ma-
lade, est-ce à la multitude que vous vous adressez,
ou à quelque habile médecin ? Lorsque vous navi-
guez, mettez-vous le gouvernail entre les mains des
passagers, ou du pilote ? Pourquoi donc admirer et
envier les athlètes sur la foi de la multitude ? Ici
encore, c'est à ceux qui sont en état de les juger
qu'il faut s'adresser. Or, si vous interrogez Euripide,
il vous dira que les athlètes sont le fléau de la Grèce,
qu'ils la désolent par leurs vices, sans lui rendre
aucun service par leur habileté, car ce n'est pas le
disque en main qu'on repousse l'ennemi ; si vous
interrogez Hippocrate, il vous dira que la complexion
athlétique est contre nature et malsaine ; si les philosophes, si les savants, si les honnêtes gens qui
estiment les choses à leur réalité, non à leur appa-
rence, ils seront tous unanimes à blâmer le plus
inutile et le moins digne des métiers (1).

Mais Galien ne s'en tient pas à opposer des témoignages, même solides, à des témoignages,
même insignifiants. Il entend pénétrer au fond des
choses. Un jour, dit-il, Phryné assistait à un ban-
quet, et, comme l'on jouait à ce jeu où chacun
commande à son tour ce qu'il veut aux autres,
Phryné voyant que les femmes s'étaient peint le
visage, ordonna de se tremper les mains dans de
l'eau, de se les porter à la figure et de l'essuyer
ensuite avec un linge. Toutes les autres femmes
ressemblèrent bientôt à des épouvantails, et Phryné,
qui était sans fard, en parut plus belle. Il faut voir

(1) *Exh. aux Arts*, ch. IX.

la beauté en elle-même. Ainsi de la profession athlétique, il faut la considérer en elle-même, et recher-
cher ce qu'elle vaut, soit par sa nature, soit par ses
effets (1).

Or, si on regarde à sa nature, son infériorité, sa
bassesse n'est pas douteuse. L'action des athlètes n'est
pas de celles qui se rapportent à l'âme : elle ne fait
donc pas partie de ces nobles arts qui nous élè-
vent au-dessus de nous-mêmes et nous font plus
grands ; elle est de celles qui se rapportent au corps :
elle fait donc partie de ces métiers infimes qui nous
rabaissent et nous font plus petits. Jeunes gens,
s'écrie Galien, l'homme tient à la fois des Dieux et
des animaux : des Dieux par l'immortelle raison, des
animaux par son corps mortel. Les arts, qui dé-
pendent de la raison, nous rendent plus semblables
aux Dieux ; les métiers, qui s'exercent par le corps,
nous font les émules des animaux. Tel est le métier
de l'athlète. Il nous rapproche des brutes, sans même
nous permettre de les égaler. Avez-vous jamais vu
un athlète plus vigoureux qu'un lion ou un éléphant?
plus rapide qu'un lièvre (2) ? C'est ce qu'exprime à
merveille cet apologue d'un poëte. Si l'homme et
les animaux luttaient ensemble à Olympie , qui
croyez-vous qui serait vainqueur? Les animaux ! Le
cheval l'emporterait à la course appelée *dolique*, le
lièvre à la course du *stade*, l'antilope dans le *diaule*.
L'éléphant et le lion triompheraient à la lutte, le
taureau au pugilat, et si l'on combattait à coups de

(1) *Exh. aux Arts*, ch. x.
(2) *Ibid.*, ch. ix.

pieds et que l'âne se mît sur les rangs, l'âne rem-
porterait la palme, et l'on écrirait : en telle olym-
piade, *Onceste* (1) fut vainqueur (2).

Si on regarde à ses effets, le métier de l'athlète n'a
pas plus de valeur. Il existe trois sortes de biens :
ceux de l'âme , ceux du corps, ceux de l'extérieur ;
le métier de l'athlète ne procure ni les premiers , ni
les seconds, ni les derniers.

Comment les athlètes posséderaient-ils les biens de
l'âme , eux qui ne s'inquiètent jamais de cette partie
supérieure de leur être et ne savent seulement pas
si elle existe? Ils amassent toute leur vie une grande
quantité de chair et de sang, et leur âme, noyée
dans ce bourbier, est radicalement incapable de
penser avec clarté, avec netteté, avec suite ; elle a la
stupidité des bêtes.

Ils ne possèdent pas davantage les biens corporels.
Et , d'abord , ils n'ont pas le premier de tous, la
santé. Il ne faut pas que leur embonpoint en impose :
la constitution athlétique est la plus fâcheuse qu'il y
ait. Une bonne constitution , en effet, suppose la
modération dans le régime , les exercices et le sommeil. Or, les athlètes usent de tout cela sans mesure
comme sans méthode. Ils se gorgent de nourriture ,
mangent encore n'ayant plus faim , prolongent leurs
repas jusqu'au milieu de la nuit , vivent comme des
porcs , sauf que ceux-ci s'arrêtent quand ils sont
repus. Les athlètes ne règlent pas mieux leurs exercices. Ils s'y livrent tous les jours, et tous les jours

(5) ’Ογκηστής, d'ὀγκητής, ruditor, celui qui brait.
(3) *Exh. aux Arts*, ch. XIII.

avec excès. Ils ne prennent pas plus raisonnablement
leur sommeil, se réveillent à l'heure où les autres
hommes quittent le travail et s'asseoient au repas du
soir. La vie des athlètes est donc absolument contraire aux préceptes de l'hygiène tels que les trace
Hippocrate. Aussi, sont-ils bien plus près de la ma-
ladie que de la santé. Tandis qu'ils exercent leur
profession, ils font illusion ; mais les uns meurent
jeunes, et les autres, en moindre nombre, qui arri-
vent à la vieillesse, ressemblent aux Prières d'Homère : *boiteux, ridés et à l'œil louche.* Comme les
murailles ébranlées par les machines de guerre
tombent ensuite à la première secousse, ainsi les
athlètes, dont le corps est ruiné par les excès, la
fatigue, les désordres de toute sorte, sans compter
les coups qu'ils reçoivent dans l'exercice de leur
profession, succombent au premier accident. Ce sont
les plus *misérables* des hommes quant à la santé, et le
nom qu'ils portent est bien celui qui leur convenait (1).

Ils n'ont pas la santé, premier bien corporel ; ils
n'ont pas la beauté. Les maîtres de gymnase les en-
graissent outre mesure, et ceux-là mêmes qui étaient
bien proportionnés deviennent bientôt difformes. Ce
que le régime a commencé, le métier l'achève.
Quand ils l'ont exercé quelque temps, ils présentent
le plus triste aspect, des membres rompus, dislo-
qués, les yeux hors de l'orbite et les cinq sens
réduits à l'impuissance. Beau et athlète, c'est une
véritable antithèse (2).

(1) Ἀθληταί. ἄθλιοι. — *Exh. aux Arts*, ch. ii.
(2) *Ibid.*, ch. xii.

Ils ont du moins la force, dira-t-on. — Oui, la
force inutile, sans usage et sans fruit. Sont-ils propres aux travaux de la campagne, à bêcher, labourer
et moissonner? Point. Sont-ils aptes à la guerre?
Nullement. Rappelez-vous le vers déjà cité d'Euripide : « Combat-on dans la mêlée le disque en main? »
Résistent-ils au froid et au chaud, couverts d'une
seule peau hiver et été, à la façon d'Hercule? Ils sont
à cet égard plus faibles que les enfants nouveau-nés.
Leur force est donc sans objet et sans résultat, et,
d'ailleurs, facilement surpassée par maints animaux.
Il était bien fort, Milon le Crotoniate, qui parcourut
le stade portant un taureau sur ses épaules : le taureau, qui se portait lui-même d'une allure facile et
agile, était plus fort. Et à quoi lui servit cette force?
A mourir entre les deux parties d'un arbre qu'il
avait sottement voulu écarteler! Ce n'est pas la force
de Milon qui eût sauvé les Grecs dans la guerre
contre les Barbares; la sagesse de Thémistocle les
rendit victorieux (1).

Restent les biens extérieurs. Mais, en vérité, les
athlètes sont aussi mal partagés sous ce rapport que
sous tous les autres. Nous avons parlé des applau-
dissements que la multitude leur prodigue. Mais
nous avons dit aussi ce qu'est la multitude, et ce
que vaut son approbation. C'est en vain que les
athlètes compteraient sur la gloire. Nul homme n'a
jamais obtenu les honneurs divins pour avoir couru
dans le stade, lancé le disque, ou lutté. Ils ont toujours été réservés aux services rendus par ceux qui

(1) *Exh. aux Arts*, ch. XIII.

ont cultivé les arts dignes de ce nom: Esculape,
l'inventeur de la médecine; Bacchus, qui enseigna
à ses contemporains l'art de cultiver la vigne; Socrate, que l'oracle d'Apollon-Pythien déclara le plus
sage des mortels, parce qu'il leur apprit à s'étudier
et à se connaitre; Lycurgue, à qui le même oracle
dit : « O Lycurgue, n'es-tu pas un Dieu? » Archilo-
que, dont il chassa l'assassin : « Tu as tué le nour-
risson des Muses, sors de mon temple (1) ! »

Et qu'on ne dise pas : si la gloire leur manque, la
richesse les dédommage. Belle richesse que celle des
athlètes ! La plupart sont écrasés de dettes; les plus
fortunés ne le sont pas plus qu'un intendant quel-
conque d'un homme opulent (2).

Donc, que les jeunes gens ne l'oublient pas, le
métier d'athlète est indigne d'eux, indigne de tout
homme qui respecte l'intelligence divine dont il est
éclairé. Nous sommes essentiellement faits pour les
arts, pour ceux qui relèvent de l'esprit encore plus
que pour ceux qui emploient la main. C'est entre
ceux-là que choisira un jeune homme heureusement
inspiré, c'est-à-dire entre la rhétorique, la musique,
la géométrie, l'arithmétique, la dialectique, l'astronomie, les lettres, la jurisprudence, la peinture, la
sculpture. Si c'est la médecine qui le tente, il
pourra bien avoir le meilleur lot. Mais s'il préfère
les métiers aux arts, il descendra; et s'il préfère
l'oisiveté au travail, il tombera plus bas encore, il
sera moins qu'un homme (3).

(1) *Exh. aux Arts*, ch. IX.
(2) *Ibid.*, ch. XIV.
(3) *Ibid.*, *ibid.*

Ces idées sur le travail obligatoire pour tous les hommes sans exception (le travail intellectuel surtout) sont d'une incontestable justesse. Les raisons à l'appui sont des plus solides, étant tirées du fond même de la nature humaine et de la nature des choses. Mais bien que cela soit sans contredit fort remarquable, ce n'est pas ce qui me frappe le plus. Je suis loin d'être insensible à la vérité, à la beauté, à la profondeur de la doctrine, mais ce que j'admire surtout, c'est de la trouver si conforme à nos sentiments et à nos convictions modernes. Qu'y avons-nous ajouté? Qu'y avons-nous changé? Rien. Le langage est différent, la pensée est identique.

Galien dit que l'homme, parce qu'il a reçu l'intelligence, se doit à lui-même de cultiver et d'exercer les arts, non-seulement les arts instinctifs des animaux, mais les arts réfléchis, qu'il appelle divins pour en mieux marquer la supériorité. — Allons-nous plus loin lorsque nous disons que l'homme, étant une force, est naturellement destiné à l'action ; étant une force raisonnable, est naturellement destiné à l'action réglée en vue d'un certain but, l'utile, le vrai, le beau, le bien : c'est-à-dire au travail ?

Galien dit que la richesse ne dispense pas de la culture et de la pratique des arts, sans lesquels l'âme languit inerte et impuissante. — Allons-nous plus loin lorsque nous disons qu'il n'importe qu'un homme soit riche ou pauvre ; que, par cela seul qu'il est homme, il a le devoir de développer et de perfectionner ses facultés ; qu'il ne peut les développer et les perfectionner qu'en travaillant ? Tout au plus pourrions-nous ajouter que la richesse affran-

cbit si peu du travail, qu'elle en fait, au contraire,
un devoir plus rigoureux, car, outre qu'elle nous
met au-dessus des soucis de la vie, qui sont une
entrave, elle nous permet de rassembler autour de
nous les circonstances les plus favorables à la pro-
duction scientifique, artistique, industrielle ; et celui
qui peut davantage doit davantage.

Galien dit que l'illustration de la naissance n'est
rien, si on ne s'honore soi-même par ses propres
qualités et ses vertus personnelles ; que vivre dans
l'ignorance et l'oisiveté est cent fois plus honteux à
un homme de noble race qu'à un homme de mo-
deste extraction. — Allons-nous plus loin lorsque
nous disons que nul n'est trop bien né pour travailler,
que celui qui ne travaille pas ne compte pas, que
celui qui a des ancêtres leur doit de faire quelque
chose afin d'être quelque chose par lui-même, que
l'empire est aux travailleurs, et que si la démocratie
monte, tandis que l'aristocratie descend, c'est que
la première, soit nécessité, soit vertu, travaille
presque toujours, et la seconde presque jamais ?

Galien dit que la beauté est un avantage précaire,
auquel il ne faut pas se fier ; que les agréments
du corps ne sauraient tenir lieu des solides qualités de l'âme, tandis que celles-ci suppléent par-
faitement ceux-là ; qu'il faut donc apprendre un
art pendant la jeunesse et l'exercer pendant la vie.
— Allons-nous plus loin lorsque nous avertissons
nos jeunes gens de ne pas s'éprendre d'eux-mêmes ;
lorsque nous versons un ridicule mérité sur la ca-
tégorie de ceux qui se font une sotte gloire de leurs
prétendues grâces, et que le bon sens public flétrit

de dénominations qui sont des stigmates ; lorsque
nous les rappelons au sentiment de la dignité virile,
à une vie sérieuse et laborieuse ?

Après avoir démontré la convenance, la nécessité morale de se consacrer à la pratique des arts,
Galien ajoute qu'il faut choisir, qu'il faut se garder
des arts auxquels manquent l'utilité et l'élévation,
et que, entre toutes les professions vaines et basses,
il n'en est pas de plus basse et de plus vaine que
celle des athlètes, nonobstant ses apparences trom-
peuses. — Irions-nous plus loin et ferions-nous
une chose bien différente en recommandant à nos
contemporains les professions vraiment libérales,
celles qui relèvent, celles qui profitent ; en les pré-
venant contre cette folle et dispendieuse manie du
siècle, qui, sous prétexte d'améliorer la race che-
valine, ravale la race humaine, et a fait dire à
je ne sais quel écrivain spirituel : du temps de
Buffon, l'homme avait fait la conquête du cheval,
aujourd'hui c'est le cheval qui a fait la conquête
de l'homme ?

Tout ce que nous pensons du travail, l'antiquité
l'avait donc pensé avant nous. Elle n'a pas là-dessus,
au moins à l'époque de Galien, une autre morale
que nous, ni moins étendue, ni moins vraie, ni
moins généreuse. C'est une justice à lui rendre, c'est
une restitution à lui faire.

Caen, typ. F. Le Blanc-Hardel.

www.ingramcontent.com/pod-product-compliance
Lightning Source LLC
LaVergne TN
LVHW051332200726
843510LV00002B/609